AF391839

L'APPEL DU KILIMANDJARO

Poésie

Julien MAKAYA
NDZOUNDOU

L'APPEL DU KILIMANDJARO

Poésie

Préface de Pierre Ntsemou

Postface d'Ourbano Mbou-Makita

Ce livre est édité par les éditions Kemet. Vous pouvez le commander en envoyant un mail à editionskemet@gmail.com

Vous pouvez aussi l'acheter sur les sites de vente en ligne d'Amazon.

À mon père Jean Baptiste Makaya, « Mwan'a Ndzoundou »

Pour m'avoir :

– initié à vivre comme un Samouraï ;

– appris que la dignité n'a pas de prix ;

– enseigné le sens du devoir ;

– préparé à supporter et à surmonter les épreuves douloureuses de la vie.

« MALHEUR à ceux qui prononcent des ordonnances iniques,

Et à ceux qui transcrivent des arrêts injustes,

Pour refuser la justice aux pauvres,

Et ravir leur droit aux malheureux de mon peuple ».

Esaïe, chapitre 10, versets 1 et 2.

« Réponds à l'insensé selon sa folie,

Afin qu'il ne se regarde pas comme un sage. »

Proverbes, chapitre 26, verset 5.

PRÉFACE

Pour ceux des habitués de la plume de Julien Makaya *Ndzoundou*, ils ne s'étonneront pas de la teneur du discours aux accents volcaniques. Une juste colère pour ce va-t-en-guerre contre toutes les injustices sociales, toutes les forfaitures et tous les crimes contre l'humanité. Une humanité malmenée par une race de chacals qui se gavent de chair et de charognes depuis la nuit des temps, complice de leurs coups bas désormais perpétrés sans se cacher en plein jour. Le texte éponyme du recueil est à lui tout seul une longue complainte, un chant funèbre qui retrace avec le sang, les sanglots et les larmes, l'horreur du « pogrom » qui ne cesse de s'abattre sur la planète terre à ne pas taire.

Doit-on se taire devant l'inhumaine condition infligée au peuple noir lors de la traite négrière ?

Doit-on se taire devant les crimes perpétrés par les Occidentaux lors des conquêtes coloniales et le pillage des richesses de la généreuse nature africaine au prix des amputations de bras et de mains des forçats nègres ?

Doit-on se taire devant ces enfumages et ces décapitations des leaders résistant à la pénétration blanche coloniale pour mater dans la terreur toute rébellion ?

Doit-on se taire devant tous ces viols organisés à grande échelle pour assujettir les peuples colonisés par l'humiliation en désacralisant la dignité humaine par le saccage du nid de la vie ?

Non ! Non ! Non ! Trois fois Non, pour dire son cri de révolte, son cri d'indignation, son cri de virulente réprobation devant la perpétuation de cette opération macabre d'élimination systématique des grandes figures africaines prônant l'émancipation du continent noir. Dans les vers de Julien Makaya *Ndzoundou*, on entend les gémissements d'hommes, de femmes, d'enfants et de vieilles personnes croulant sous l'étau des envahisseurs de ce continent violé de l'est à l'ouest, du nord au sud. Voilà des gens censés être civilisés à la morale chrétienne en ce qu'ils venaient enseigner les vertus d'un Dieu d'amour inconnu par les Noirs – selon eux – qui vouant un culte à leurs ancêtres et à plusieurs petits dieux de la grande Nature, étaient bien plus humanistes que ces criquets migrateurs envahisseurs des vertes prairies africaines.

Dans le cri de l'auteur, déchirant le silence dense des Gouvernants noirs, ces nouveaux pillards des terres africaines, s'entend aussi sentencieux le souffle haletant des rescapés du désert du Sahara ou des rivages de la mer Méditerranée tentant au péril de leurs vies de gagner l'Europe en quête d'un mieux-être, fuyant l'enfer des terres ancestrales. Comment ne pas les comprendre quand le poète remontant le cours de l'histoire tragique des indépendances africaines, recense et dresse un palmarès de larmes des pertes immenses de ces fils d'Afrique à l'instar d'Anouar El Sadate, Ruben Um Nyobe, Sylvanus Olympio, Barthélémy Boganda, Patrice Lumumba, Amilcar Cabral, Thomas Sankara, Mouammar Kadhafi, Laurent-Désiré Kabila, Samora Machel… la liste n'est pas exhaustive quand on sait combien le continent noir a eu des fils et des filles valeureux qui ont payé de leur vie, la défense courageuse de leur patrie dans un rapport de forces hélas en leur défaveur.

De Khartoum à Tunis, du Caire à Ouagadougou, quand le prix du pain ne répond plus au cri de la faim, sonne le glas de certains dictateurs emportés comme de la paille sèche au moindre coup de vent. Ainsi le poète raille-t-il certains monarques du continent africain déchus de leur trône éjectable par le peuple qui a toujours le mot de la fin, surtout quand il a faim.

Et quand le poète choisit dans « Le monde est fou » de faire le tour de ce monde où sévissent des vices innommables, on est tout sourire et tout aussi consterné. Sourire parce qu'il vaut mieux rire de ces tartufferies que de toujours s'en désoler sachant que leurs auteurs n'en auront pas à perpétuité et débarrasseront un jour ou l'autre le plancher. Consterné, car de cette folie humaine, on pouvait se passer si la sagesse d'antan légendaire en Afrique auprès des gens d'un certain âge, eût été toujours de mise chez bon nombre de leaders politiques septuagénaires et nonagénaires refusant l'alternance au pouvoir. Consterné aussi du fait que même lorsque le corps indique qu'il n'est plus en mesure par usure de répondre des compétences physiques, physiologiques et psychologiques d'antan, on refuse cette évidence pour s'arcbouter à des habitudes et s'échiner à des exploits et des prouesses hors normes en frisant le ridicule. Consterné enfin de voir la nature humaine surtout du côté des Hommes volages courant après moult conquêtes féminines alors qu'ils ont chez eux des perles que le voisinage leur envie à mourir de désir. C'est bien dans un monde fou qu'on se trouve pour voir pareil spectacle.

Il est tout aussi fou ce monde où sévit la femme faisant de l'homme qu'elle sait, entiché d'elle, « une épave passive qui obéit à toutes ses excentricités, à tous ses caprices », dixit le doyen des écrivains Congolais Jean Malonga dans son roman *La légende de Mpfumu Ma Mazono.* C'est le tableau affligeant que dresse Julien Makaya *Ndzoundou* dans son texte de grande portée morale intitulé « La mauvaise femme ». Oui ! Elle est mauvaise parce qu'elle martyrise sans fondement les membres de sa belle-famille. Elle est mauvaise parce qu'elle cocufie souvent son époux, s'endette sans peur à outrance à l'insu de celui-ci et s'achète des parcelles de terrain et des commodités d'existence très onéreuses de nature à mettre à mal le pauvre homme, qui lui avait mis la bague d'une alliance conjugale désormais douloureuse à porter et à supporter à l'annulaire. Mais comment l'annuler, cette douleur du cœur ?

Pour consoler le lecteur de cette amertume causée par notre part féminine, le poète sur plusieurs textes comme « *Vénération, Symphonie inachevée, Sublimation, En souvenir de Martine, À la comtesse des airs* et *Nostalgie* » dresse un tableau plus reluisant de la femme dont la beauté et la bonté constituent une source où l'homme vient s'abreuver quand il vit un stress de quelle que nature que ce soit. Heureux souvenirs, merveilleux souvenirs pourrait-on dire ici. Ainsi, la femme souffle ici et là le chaud et le froid. Une alternance qui nous conduit sans transition au style dont s'est servi le poète pour nous entraîner dans son sillage d'une versification voulue et taillée dans le bois du Classicisme où la rime et le rythme priment pour notre plus grand plaisir, mais non sans cette liberté d'écriture et d'expression lyrique sans s'enfermer dans des strophes rigides aux mesures des vers formelles donnant le sentiment d'une obligation technique à respecter.

La poésie de Julien Makaya *Ndzoundou* est un souffle nouveau dans un vieux cor et le son qui en sort est un transport et une transe frémissante de ce verbe beau, chatouilleux, mielleux, merveilleux, délicieux et si envoutant qu'on en redemanderait bien volontiers une dose supplémentaire en attendant qu'il monte de nouveau sur ce grand pic montagneux d'Afrique et lancer comme le coq campant sur ses pattes, ses griffes, ses ergots, son bec tranchant tel un rasoir – la gorge irritée – son *Appel du Kilimandjaro*.

Un vibrant appel qui continue de retentir sortant du cor qu'il a embouché comme Louis Armstrong et son mythique saxophone pour inonder le monde de ses décibels voluptueux dont on ne se lasse pas de savourer avec ivresse et allégresse la douce symphonie, quand Julien Makaya *Ndzoundou* en magicien/musicien lyrique nous offre en dessert, cette noisette à casser et à en sucer l'amande ou le suc après mastication de « Tout est à vendre… ».

Qu'est-ce que ce texte est prégnant, poignant, parlant, décapant, époustouflant, déroutant de beauté esthétique et sémantique tant l'argent, le nouveau maître qui tient l'homme en laisse ne le laisse pas agir pour son plaisir, obligé de lui obéir en tout et pour tout. Nerf de la guerre dit-on ! Pour notre poète, c'est le nerf de la mesure et de la démesure des folies humaines qui font et défont de fond en comble l'ordre et la nature des choses. Des galons et grades qui se vendent et s'achètent ; des organes humains vitaux qui se vendent et s'achètent ; des textes et des sexes qui se vendent et s'achètent, cela vexe ; des notes et des diplômes qui se vendent et s'achètent, comme des machettes, véritables gâchettes tuant à bout portant le mérite, la performance, la compétence, l'excellence. Voici plus de six décennies s'exclamait un éminent écrivain de l'Afrique anglophone : *le monde s'effondre* ! Oh ! Mais ce constat de l'homme de Lettres Nigérian Chinua Achébé est toujours d'actualité. Il nous revient en mémoire en lisant ce texte très engagé de Julien Makaya *Ndzoundou*, un autre livre de ce fougueux militant et ardent défenseur des valeurs traditionnelles de l'Afrique : *La flèche de Dieu* qui met en exergue la menace que représente la civilisation occidentale pour celle du continent noir, ses rites et coutumes.

Puisse cet *appel du Kilimandjaro* du haut de son mont le plus culminant d'Afrique se faire entendre par-delà mers et océans, plaines et montagnes, forêts et savanes, partout où l'homme met son pied à la quête d'un mieux-être au prix d'inconduites funestes et indigestes stigmatisées par ce chirurgien de la morale humaine qu'est le poète psychothérapeute et psychologue clinicien Julien Makaya *Ndzoundou*, qui signe ici une entrée *Tsunamique* dans la veine lyrique de David Diop avec ses *Coups de pilon* ou Aimé Césaire, l'inénarrable humaniste et éveilleur de la conscience noire, dans son ***Discours sur le colonialisme*** ou son pathétique cri de cœur saignant dans ***Une saison au Congo***. Deux Congo qui continuent de saigner, sourds aux cris de détresse de leurs peuples respectifs, aveugles devant tant d'atrocités, muets face à des crimes contre l'humanité ici et contre le bonheur pourtant à la portée de tous là hélas !

Pierre NTSEMOU

Écrivain et critique littéraire

AVANT-PROPOS

La poésie est un genre littéraire exigeant. Elle impose à son auteur, l'obligation architecturale de dompter les mots pour créer le beau et féconder l'esthétique, dans une rhétorique subliminale.

Les poètes nous pardonneront de n'avoir pas été à la hauteur de cette exigence dans ce recueil de textes. Leur indulgence est surtout convoquée pour avoir transgressé les codes et les règles qui régissent ce genre littéraire, notamment le rythme, les rimes, l'harmonie, les assonances, les strophes, les métaphores, les sonorités, les figures de style…

Notre démarche ici est transgressive. Elle consiste à traduire par écrit, nos sentiments et nos émotions, sans restriction, et sans se soucier des normes rédactionnelles universellement convenues.

Pour nous, écrire le non-dit et dire l'interdit, pour interdire le non-dit, priment sur le respect des règles établies dans la production poétique dogmatique. C'est ce que nous annoncions déjà en quatrième de couverture de notre essai ***Crise et décadence de l'Afrique noire*** [1] en ces termes : *« Pour l'Afrique anomique du XXIe siècle, la littérature devrait, au-delà de la recherche de l'esthétique et du prestige de la rhétorique, dénoncer le néocolonialisme sauvage ainsi que les dérives endogènes qui freinent le développement intégral du "Noir" qui, de toute évidence, renie son identité en confondant aliénation culturelle et "civilisation de l'universel." »*

Au terme de notre réflexion et de notre introspection, nous vous présentons dans ce spicilège, trente-et-un textes aux thématiques diverses. Les textes engagés et transgressifs, dans lesquels nous dénonçons les injustices, constituent la colonne vertébrale de ce recueil.

---

[1] Crise et décadence de l'Afrique noire, L'Harmattan Congo-Brazzaville, 2018

PREMIÈRE PARTIE : **RÉVOLTE**

LÀ-BAS !

Là-bas, la terre est couverte de vert
Là-bas, il faut applaudir des sots pour émerger du lot
Là-bas, il manque de fleurs pour parfumer l'univers
Là-bas, il faut féconder les maux pour évoluer en saut

Là-bas !
Il faut une vie de prières pour oublier son calvaire
Il faut vivre des miettes, le miel appartenant aux téméraires
Les cancres exultent, quand les savants mordent la poussière
Il faut se taire pour ne pas se retrouver sous terre

Là-bas !
Il faut cracher des billets pour être ovationné
Il faut tuer la vertu pour se hisser au sommet
La réussite est fille du baptême des initiés
C'est le monde de « Gongoloma Soké[2] »

Là-bas !
Il faut avoir des copains
Dans la cour du Souverain
Pour avoir du pain
Et recevoir le sapin

Là-bas !
Les Princes sont souvent des crétins
Qui ne pensent qu'à remplir leurs intestins
Comme s'ils étaient des pèlerins
Invités à un inespéré festin

Là-bas !

---

[2] Dieu des contraires et de la ruse, dans le roman « L'étrange destin de Wangrin »,
d'Amadou Hampâté Ba.

Il n'y a pas de place pour le slam
Les braves subissent toujours des drames
C'est le monde des castes
Où la vie des crétins est faste

Là-bas !
On fait le Jihad au nom d'Allah
Allahu Akbar annonce un attentat
Les Mollahs sont des Rois des fatwas
Les Rois sont des Oulémas

Là-bas !
Il n'y a que des Corans
Mais pas de romans
Il n'y a que des torrents
Mais pas de restaurants

Là-bas !
On assassine pour une écriture
Le Muphti encourage de mourir
Pour une transmutation en martyr
La douleur, le *mécréant* l'endure

Là-bas !
La femme a la tête en bas
Ou enfouie dans la burqa
Ça se passe là-bas
Là-bas, c'est ici-bas !

Julien MAKAYA *NDZOUNDOU*

SOIF DE LIBERTÉ

Du massif d'Atlas à celui de Dahra
L'éternité perchée contemple avec jérémiades
Le Raïs épuisé qui tente d'apprivoiser le temps
Pour la jouissance de son clan

Algérie
Peuple en éruption
Tel un volcan
Crachant des laves de colère
Pour divorcer de la galère

Algérie
Peuple révolté
Bientôt libérée
Des dirigeants calcinés
Pour épouser la prospérité

L'APPEL DU KILIMANDJARO

Ô Afrique !
Populations déportées, depuis Kunta Kinté
Dignité bafouée, depuis l'arrivée des Négriers
De l'esclavage à la colonisation, Droits piétinés
Libertés confisquées à l'éternité

Pauvre Afrique !
Peuples colonisés et humiliés, sans pitié
Bras coupés, malgré des corvées escarpées
Pas de liberté, seulement des coups de fouet
Et d'insupportables travaux forcés

Ô Afrique !
Femmes violées et fécondées à volonté
Enfants hybrides rejetés et sans identités
Territoires divisés par des insensés dits civilisés

Pauvre Afrique !
Boueta Mbongo ! Résistant décapité !
Thiaroye ! Révolte écrasée
Félix Moumié ! Destin apostrophé

Ô Afrique !
Histoire tronquée
Vérités enterrées
Assassinats inavoués

Pauvre Afrique !
Indépendance confisquée
Malgré la bravoure de Sékou Touré
De Nyerere et de Mugabe

Pauvre Afrique !
D'Um Nyobe à Kabila
De Boganda à Lumumba
De Cabral à Sankara
Leaders zigouillés !

Ô Afrique !
Richesses pillées avec voracité
Terres exploitées sans payer
Sols pollués par leurs déchets
Peuples aliénés par leurs idées

Pauvre Afrique !
Jeunesse désespérée
Tente d'immigrer
Mais se retrouve enchaînée
Dans le ventre de la Méditerranée

Peuple d'Afrique !
À quand la liberté
À quand la dignité
À quand la prospérité

Dirigeants d'Afrique !
À quand l'affranchissement
À quand le développement
À quand l'accomplissement

Peuple d'Afrique !
Qu'a-t-on fait pour subir le destin
D'un peuple sans dessein
D'une vie sans festin
Et des drames sans fin

Peuple opprimé !
Du haut du Kilimandjaro
Écoutez le cri du Negro
Oint du sang des héros

Peuple d'Afrique !
Libérez notre Afrique
Dignité pour l'Afrique
Du Tibesti à l'Atlantique

Julien MAKAYA NDZOUNDOU

SOUFFLE DE LIBERTÉ

Quand le soleil se lève,
Le peuple embrasse le courage,
Et défie l'autocrate avec rage,
Loin de la dune au clair de lune,
Des vagues et des ravages du Nil.

Soudan !
La révolte du pain,
Révolution de la faim,
Entraîne soudainement la fin,
Du sinistre Souverain.

Soudan !
Tel un rêve éveillé,
Le peuple se réveille,
Et s'agglutine dans les rues,
Telles des abeilles,
Pour exalter la chute,
Du renard du désert.

Soudan !
L'autocrate défait,
Tenant le Mandat d'arrêt de la Haye,
Se retrouve en prison sans haie.

Passant de l'honneur,
Au déshonneur,
Pour le bonheur,
D'un peuple attendant son heure,
Pour chanter sans heurts,
Vive la liberté !

Peuple d'Afrique !
Peuple authentique !
Peuple stoïque !
Peuple héroïque !

Peuple d'Afrique !
Tu réclameras la démocratie
Enchaînée par l'autocratie
Des rescapés de la psychiatrie

Julien MAKAYA NDZOUNDOU

L'ATLANTIQUE !

Maudit, maudit sois-tu Atlantique,
Malgré tes vagues angéliques.

Maudit, maudit sois-tu Atlantique,
Toi aux ondes ésotériques.

Maudit, maudit sois-tu Atlantique,
Toi qui leur permis de souiller l'Afrique.

Maudit, maudit sois-tu Atlantique,
Malgré tes vagues mélodiques

Maudit, maudit sois-tu Atlantique,
Toi qui emportas mes aïeuls aux Amériques.

Maudit, maudit sois-tu Atlantique,
Toi qui les as livrés à la Martinique.

Ô Atlantique !
Toi qui emportas dans le sillage de tes vagues,
Des bateaux à voile remplis d'esclaves,
Tu emportas aussi un brin de mon âme.

Parle-moi, ô Atlantique,
Pour que mon récit soit authentique.

Livre-moi tes secrets, ô Atlantique,
Pour affûter ma rhétorique.

Maudit, maudit sois-tu Atlantique,
Toi le cimetière des torpilles maléfiques.

Maudit, maudit sois-tu Atlantique,
Toi qui engloutis le Titanic.

GOUROU OU RIPOU

Depuis des décennies,
Ses effigies sont partout.

Le bonheur du peuple,
Le Gourou s'en fout.

Son programme politique,
Demeure toujours flou.

Ses propres ordonnances,
Ensevelies dans un trou.

L'orthodoxie financière,
Devenue un fourre-tout.

Face aux critiques,
Il joue au méchant loup.

Devant ses opposants,
Il a les yeux de hibou.

Devant les belles femmes,
Il devient le carcajou.

Pour ses partisans,
Il est le grand Manitou.

Le mot alternance,
Le rend vraiment fou.

Ses collaborateurs,
De véritables ripoux.

L'or et le diamant,
Il s'accapare de tout.

Julien MAKAYA NDZOUNDOU

CURRICULUM VITAE

Nous sommes les damnés
De la décolonisation ratée

Les dirigeants détraqués
L'élite du pays prostituée

Le bonheur lapidé
Les intelligences confinées

Les libertés déshydratées
La dialectique ligotée

Les diplômés paupérisćs
Les retraités malmenés

La démocratie congelée
La révolution avortée

Aux trains entassés
Nous sommes abonnés

Aux routes éventrées
Il faut s'accommoder

Les hôpitaux sous perfusion
Les universités dans la confusion

À l'école plus d'éducation
La jeunesse en putréfaction

Corruption et concussion
Une nouvelle civilisation

Persécution et oppression
Une nouvelle religion

L'appel du Kilimandjaro

La source des galons
Se trouve sous le caleçon

L'économie en dégénérescence
La culture en décadence

Providence !
Le festin de la minorité

Désespoir !
Le repas de la majorité

L'Aristocratie !
Une nouvelle identité

L'autocratie !
Toujours exaltée

Les richesses de la Cité
Gérées comme un poulailler

La voie de la félicité
Demeure toujours bouchée

Le culte de la tribu
Le chef en fait un attribut

Ailleurs, il est déjà banni
Il reste pourtant ton pays

J'espère qu'un jour il sera béni
Et converti en grand pays

Julien MAKAYA NDZOUNDOU

LE SON DE LA RÉVOLUTION

Debout peuple opprimé
Debout jeune indigné

Tes ancêtres ont subi les humiliations
Tes parents, martyrs de la colonisation

Toi, refuse l'oppression
Et rejette les privations

Lève-toi et marche
Lève-toi et parle

Marche comme un soldat
Parle comme un mollah

En avant pour la révolution
C'est la voie de la libération

La lutte est le seul chemin
Pour forger un nouveau destin

Bats-toi contre l'autocratie
Lutte contre l'oligarchie

La peur est le sabre du lâche
Le courage est le canon du brave

Tu as été assujetti un temps
Refuse d'être malmené tout le temps

Arrête avec la pagaille
Sois prêt pour la bataille

Accepte de mourir en martyr
Honneur aux générations à venir

L'ULTIME COMBAT

Ils ont neutralisé nos héros,
Notre révolution est au point zéro.

Au pouvoir, ils ont placé des pantins,
Qui compromettent notre destin.

Les leaders compromis nous ont trahis,
Ceux qui ont résisté ont été assujettis.

Il porte le manteau de démocrate,
Pour dissimuler sa peau d'autocrate.

Aujourd'hui le pouvoir politique,
Est transmis de façon génétique.

Le culte de la lutte est presque rompu,
Parce que notre élite est corrompue.

Frantz Fanon est dans le tombeau,
Rallumons toujours le flambeau.

La lutte est sur le front de la culture,
Ma plume est au service de cette aventure.

Julien MAKAYA NDZOUNDOU

LE PRINTEMPS ARABE !

Qui n'a pas frappé Rabat
Al-Assad secoué là-bas
Moubarak a la tête en bas

Vite remplacé par Al Sisi
Après la parenthèse Morsi
Aujourd'hui au paradis

Le printemps arabe !
Tel un vent
Qui déchire le temps
Avant le printemps

Il emporte Ben Ali
Et engloutit Kadhafi
Qui voulait raser Benghazi

Le printemps arabe !
À Tripoli la désillusion
À Benghazi la confusion
Deux leaders en collision

Chacun misant sur sa coalition
Pour une éphémère légitimation
D'un pouvoir en partition

Le printemps arabe !
Qui a épargné Alger
La ville des oliviers
Aux libertés verrouillées
Par un pouvoir policier

LE MONDE EST FOU !

Tels des anciens Conquistadors
Au comportement retors
Ils volent l'argent du peuple sans remords
Qu'ils planquent dans les nouvelles grottes du Nord

Le monde est fou !
Ils demandent aux bailleurs de fonds
De financer des programmes incohérents
Par l'aide publique au développement.
Préservant leurs butins
Pour le futur de leurs bambins
Le bonheur du peuple renvoyé à demain

Le monde est fou !
Ils consultent des féticheurs
Réalisent d'horribles sacrifices
Pour conserver leurs privilèges
À des postes ministériels

Le monde est fou !
Les mains maculées de sang
Ils se rendent dimanche à l'église
Pour exhiber leurs belles voitures
C'est vraiment une aventure
Qui suscite l'amertume

Le monde est fou !
Il est septuagénaire
Mais drague de jeunes filles
Quel horrible sacrilège
La morale est arsouille

Le Monde est fou !
Il se proclame Pasteur
Et professe l'Évangile

Mais il remplit la ville
D'enfants sans légitimité
Dont la paternité est souvent attribuée
Aux naïfs citoyens, obligés de les élever

Le monde est fou !
Il se proclame musulman
Mais mange la viande de porc
En buvant de l'alcool
Sous l'emprise de la drogue

Oui, le monde est fou !
Il est pourtant Juge
Mais il déjuge
Après avoir été corrompu
Par des personnes rompues
Aux pratiques lugubres
De la mafia et du crime

Le monde est vraiment fou !
Arrivés au pouvoir par effraction
Ils organisent des élections
À coup de millions
Dans une tonitruante ambiance
Pour des résultats connus d'avance

Oui, le monde est fou !
Il est né en Afrique
Il a grandi en Afrique
Une fois au nord de l'Atlantique
Il n'est plus authentique
Et renie ce qui provient d'Afrique

Le monde est fou !
Il couche avec sa maîtresse
Sur le lit conjugal, sans stress
Mettant sa femme est état de détresse
Pour lui ce n'est qu'une maladresse

L'appel du Kilimandjaro

Le monde est fou !
Il est atteint de cancer et de pâleur
De maigreur mais aussi de torpeur
Mais il ne veut pas de la retraite
Restant au trône juste pour paraître

Le monde est fou !
Il est pourtant calciné
L'usure du temps l'a épuisé
Mais il refuse de s'en aller
Privant son peuple de l'opportunité
De renouveler l'Autorité
Dans la gestion de la Cité

Le monde est vraiment fou !
Et le peuple s'en fout
D'avoir un destin flou
Imposé par des dirigeants fous

Julien MAKAYA NDZOUNDOU

TOUT EST À VENDRE...

Dans cet univers,
À l'envers,
De l'enfer,
Tout est à vendre, tout est à acheter.
Les ventres pour faire les bébés,
Sont à vendre et à acheter.
Les spermes pour faire les bébés,
Sont à vendre et à acheter.
Les notes et les diplômes,
Sont à vendre et à acheter.

Dans ce monde,
Aux mauvaises ondes,
Tout est à vendre, tout est à acheter.
Le plaisir et l'orgasme,
Sont à vendre et à acheter.
Les fonctions administratives,
Sont à vendre et à acheter.
Les pouvoirs mystiques,
Sont à vendre et à acheter.

Dans cette Afrique,
Aux pratiques pathétiques,
Tout est à vendre, tout est à acheter
Le sexe et les textes,
Sont à vendre et à acheter.
Les voitures polluées,
Et les voluptés raffinées,
Sont à vendre et à acheter.
Les strings en usure,
Sont à vendre sans mesure.

Dans ce monde,
Où le vent se vend,
Tout est à vendre, tout est à acheter.
Les organes humains,
Sont à vendre et à acheter,
Pour les rituels funestes,
Ou les greffes nécessaires.

Tout se vend, tout s'achète.
Les humains de race noire,
Sont à vendre et à acheter.
Les galons et les grades,
Sont à vendre et à acheter.
Les prédications et les bénédictions,
Sont à vendre et à acheter.

Oui ! Tout est à vendre,
Qu'importe le temps,
Dans cet environnement.
Il suffit d'en payer le prix,
Au mépris de l'éthique.
Ainsi soit-il...
Dans ce monde des ombres.

Julien MAKAYA NDZOUNDOU

LAPSUS

Qui suis-je ?
Qui es-tu ?
Qui est-il ?

Je suis toi, sans être sous ton toit
Je suis ton esprit, dans un corps mal loti
Tu es moi, né loin de Tahiti
Tu es moi, sans être de mon pays
Il est toi, mais il est aussi moi
Il est Obama, fruit de l'hybridation
Comme toi et moi, sommes issus de l'évolution

Je suis humain, malgré la couleur de mes mains
Tu es humain, même si tu es nain
Cheveux longs, crépus, noirs ou châtains
Nous sommes tous humains

Les yeux noirs, bleus ou bruns
Nous sommes tous humains
Américains ou Africains
Nous sommes tous humains
Européens ou Indiens
Nous sommes tous humains

Alors, donnons-nous la main
Thuram, Zidane et Deschamps
Ont été champions
La main dans la main

Peau blanche ou peau noire
Notre sang est rouge
Indiens ou Chinois
Notre sang est rouge
Juifs ou Arabes
Notre sang est rouge

Pygmées ou Tziganes
Notre sang est rouge

Terriens !
Aimons-nous pour l'éternité
Ne convoquons pas l'altérité
Pour vivre cloisonné

Terriens !
L'humain est sanctifié
L'amour est immaculé
Célébrons notre humanité
Dans la liberté et la fraternité

Terriens !
Que soient bannies
Toutes les idéologies
Qui font l'apologie
De la hiérarchie
Des races et des ethnies

Ce qui conduit
À la Monarchie
À l'Oligarchie
À la Synarchie
Et à l'Anarchie

Julien MAKAYA NDZOUNDOU

CONTEMPLATION

Je contemple ce couple qui se déchire dans les débats
Avant de se dissoudre dans les ébats
Une sorte de synapse dans un gymnase bizarre
Où les murmures concourent à l'expression des sensations
Qui de toute évidence ne se livrent à aucune interprétation
Parce que ces murmures constituent la langue universelle

Je contemple depuis le rivage de cette plage
Cette valse des vagues
Qui avale les ondes
Et taillade le silence

Je contemple ce poète qui dompte les mots
Et déchire les maux
Pour accoucher le beau
Qui drague le héros

Je contemple la jolie femme
Un tableau de Picasso
Au charme de la Joconde
Reine de Saba incarnée

Je contemple ce splendide paysage
Cette forêt paradisiaque
Cette Terre retenue à l'agonie
Grâce à l'air d'Amazonie

Je contemple cette faune sauvage
Espèce en voie d'extinction
Du fait du braconnage
Échappons à cette tentation

Je contemple ces chercheurs
Qui vieillissent dans les laboratoires
Pour des inventions dérisoires
Hiroshima 1945 restera une terreur

L'appel du Kilimandjaro

Je contemple les bouleversements climatiques
Ouragans, cyclones et tempêtes, par-ci
Inondations, tsunamis et érosions côtières, par-là
L'homme scrute l'évidence : la corrosion de sa planète

Effrayé par ce tourbillon
Il tente une chirurgie plastique
À la place d'une thérapie de choc
Malgré le gyrophare des scientifiques

Humains, le temps presse
Ne soyez pas incrédules, agissez !
Agissez pour la postérité
Demain sera malheur et détresse

Julien MAKAYA NDZOUNDOU

POUSSIÈRE D'UNE VIE

Je suis dénommé petit sergent
Arraché à l'affection de mes grands-parents
Pour servir la cause du grand méchant
Qui a enseveli vifs mes parents

Enfance dépouillée
Kalachnikov, mon seul jouet
Corvées, au petit déjeuner
Drogue, après le diner

Distribuer la mort,
Un vrai jeu de rôle
Conduite incivique,
Mon activité ludique

Je suis surnommé enfant soldat
Et pourtant je n'étais pas candidat
J'allais à l'école avec mes camarades
Je suis à présent, l'artisan des massacres

Du crépitement de mon arme
Je fais couler les larmes
Je fais gicler le sang
Des pauvres innocents

Oui ! Je suis un assassin

Mais, je suis aussi un enfant

Un authentique innocent

Forcé à la vie de fantassin

Julien MAKAYA NDZOUNDOU

PÈLERINAGE AU VILLAGE

Le village de mes parents est loin de la ville
Ma sœur, mon frère, mon père et ma mère
Nous nous y rendons souvent en famille

Arrivés au village
Nous sommes tous contents
De retrouver mes grands-parents
Dans une case enfouie dans les feuillages

Dès l'aube au village
On entend les cris d'oiseaux
Quand les coqs chantent
C'est que le jour se lève

Les salutations des uns
Croisent la sympathie des autres
Les femmes préparent le repas matinal
Les hommes se mettent autour du feu
Dans la case commune appelée *Mbongui*

Ils racontent leurs péripéties de la veille
Certains évoquent les histoires de la chasse
D'autres parlent de la pêche ou des plantations
Ils se congratulent mutuellement
Parfois les uns se moquent des autres

À travers les proverbes et les aphorismes

Transmis toujours oralement

D'une génération à une autre

Ils mangent ensemble

Des mets provenant de toutes les cases

C'est la solidarité entre voisins

Qui constituent un clan solidaire

Par des liens souvent séculaires

Après le repas matinal

Appelé petit déjeuner en ville

Chacun va dans la forêt

Pour remplir ses tâches routinières

Accompagné de sa meute d'enfants

Les craillements des corbeaux

Les coassements des crapauds

Les chants des cigales

Embrassent le crépuscule

Le soir les adolescents

S'exhibent, chantent et dansent

Les plus jeunes écoutent avec attention

Les histoires contées par leurs grands-parents

Histoires émouvantes et remplies de sagesse

Des contes, des proverbes et des devinettes

Qui forgent l'éducation de la jeunesse

Loin des bancs de l'école moderne

Où l'on apprend à lire et à écrire

Sans éducation morale

Et sans initiation à la sagesse

Surtout dans ce nouveau siècle

Où télévision et internet

Ont remplacé le groupe social

C'est la génération Wi-Fi

Déracinée et pervertie

DEUXIÈME PARTIE : **LES FLEURS FANÉES**

Julien MAKAYA NDZOUNDOU

LA COLÈRE DU PÈRE

Il s'appelait Jean-Baptiste
Il fut pasteur altruiste
Qui baptisait comme Jean le Baptiste
Mais au nom de Jésus-Christ

Fauché par la mort
Il s'en alla avec des remords
Laissant ses enfants dehors

Seuls devant leur destin
Amochés par la faim
Aussi par le chagrin

Pour assurer leur survie
Il laissa un seul avis
Se soumettre à son sosie
Dont la réussite était établie

Mais par jalousie
Ou par pure folie
Ils défièrent ses prescrits

Vilipendant son sosie
Qui pourtant a investi
Pour le bien-être de ces impies

Saisi par cette infamie
Et pour protéger son sosie
Des calomnies de tout acabit

Jean-Baptiste se révolta
Décrétant une fatwa
À l'endroit de ces Apostats

Aujourd'hui dans l'errance
Vivotant sans aisance
Ces déchus de la bienséance
Subissent la pénitence
À cause de leur arrogance

Pour avoir défié ses prescriptions
Et trahi ses recommandations
Ils subissent l'imprécation

Le supplice de longe
Et vivent l'hécatombe
Des malédictions d'outre-tombe

Malheur à ceux qui transgressent
Par stress ou par maladresse
Par caprice ou par défi
Ce que les défunts ont prescrit

Julien MAKAYA NDZOUNDOU

EN SOUVENIR DE MARTINE

Assise sur une natte
Étalée sur le sable
Au bord de la plage
Elle avait défait son corsage

C'était le jour de la fête des rameaux
Elle contemplait les flots des eaux
Ainsi que le vol des oiseaux
Par-dessus son chapeau

Aux cris des crapauds
S'ajoutaient les chants des moineaux
Quand elle m'embrassait sous le drapeau
Planté sur le sable par des badauds

À l'abri des fientes des corbeaux
Je l'embrassais en sanglots
Mes mains enfouies sous son tricot

Entrelacés comme des sots
Nous esquissions des sauts
Tels des danseurs de tango
Dans un restaurant de Rio

Elle a marqué ma vie
Avant de disparaitre à vie
Emportée vers l'indéfini
Me laissant dans les soucis

Rongé par les soucis
Je restais sur le tapis
De minuit à midi
En buvant du Martini

Une personne me permit
De sortir de ce tsunami
Pour me mettre à l'abri
Du suicide ou de la folie

Elle s'appelle Gladys
La Tutsie à la beauté de Miss
La rescapée du génocide
Aux conséquences acides

Je l'ai rencontrée à Paris
Et nous avions fait le pari
De nous aimer à l'infini
Même jusqu'au Paradis.

Julien MAKAYA NDZOUNDOU

SYMPHONIE INACHEVÉE

Et Dieu créa la femme
Comme la combustion crée la flamme
Pour préserver l'homme du drame

Ô femme !
Elle brille comme le soleil couchant
Au bord de la plage d'Abidjan

Ô femme !
Elle dandine comme la Miss d'Éthiopie
Son parfum à l'odeur du paradis

Ô femme !
Sa sève a le goût du lait de Hollande
Sa chair est une vraie offrande

Que le vent emporte le déplaisir
Pour qu'explose l'amour
Sur un volcan de plaisir

PROVIDENCE

Jeune !
Honore ton père
Révère ta mère
Pour qu'ils te servent de repère
Quand tu seras dans la galère

Enfant !
Respecte les aînés
Respecte la société
Respecte les officiers
Pour être bien intégré

Jeune !
Écoute les conseils de tes aînés
Car ils sont plus expérimentés
Pour mieux te guider
Vers les horizons sans danger

Enfant !
Étudie quand tu as encore tes parents
Occupe-toi d'eux quand tu seras grand
Comme tes fils s'occuperont de toi
Quand tu seras sans galons
Sois fier de tes grands-parents
Et honore-les

La vie est ainsi faite
Elle constitue une chaine
Où la génération précédente
Doit être la providence
De la génération suivante
Cela est une évidence
Dans ce monde en évolution
Depuis sa création

VÉNÉRATION

Ô femme !
Tu es
Reine de beauté
Mère de l'humanité
Auteure de la vie
Miss paradis
Source de plaisir
Soigne les désirs

Ô femme !
Sans toi
Pas de vie
Pas d'envie
Pas de plaisir
Pas de souvenir

Ô femme !
Sans toi
Pas de bonheur
Pas d'honneur
Que des heurts
Que des horreurs

Ô femme !
Tu es
Mère de l'homme
Sœur de l'homme
Fille de l'homme
Épouse de l'homme
Cible de l'homme

Ô femme !
Tu
Supportes les contraintes de la grossesse
Enfantes dans la douleur

Élèves les enfants dans la douceur
Travailles sans torpeur

Ô femme !
Tu
Adoucis les mœurs
Envoutes les cœurs
Soignes les rancœurs

Ô femme !
Quelle créature sublime !
Respectons-là
Honorons-là
Car sans elle, Thanatos vaincra Éros
Sans elle, la vie serait l'image de la mort.

Julien MAKAYA NDZOUNDOU

À LA COMTESSE DES AIRS

De son enfance sans romance
Elle n'a connu que démence
Privée de père
Elle n'a pas perdu ses repères
Malgré cette souffrance
Elle a réussi sa résilience
Devenue hôtesse de l'air
Elle fit carrière entre ciel et terre
Sans s'envoyer en l'air
Dans l'aire d'un cockpit.
Je m'accroche à sa sénescence
Pour vivre dans la transcendance
En toute incandescence
Un amour de magnificence

LA MAUVAISE FEMME

Une fois la bague au doigt
Et habitant sous ton toit
Elle s'en fout de toi

Elle insulte tes ascendants
Et s'insurge contre tes parents
Qu'elle traite de fainéants

Elle est criblée de dettes
Pour faire la fête
Malgré la disette

Elle ne fait pas la cuisine
Demandant à son mari
De se nourrir de *Sardines*

Elle achète des voitures avec liesse
Pour son caprice et son ivresse
En bénéfice du statut de maîtresse
Une maîtresse sans délicatesse

Elle cocufie son mari devant sa mère
Femme au comportement amer
Souvent dénoncé par son père
Un père ayant perdu tout repère

Elle refuse de s'accoupler
Prétextant qu'elle est épuisée
Pour avoir beaucoup travaillé
Certainement sous l'oreiller
Avec monsieur le Banquier

Elle vole l'argent de son mari
Et le dépense sans souci
Dans les boutiques de Paris

Julien MAKAYA NDZOUNDOU

Accusant les neveux de son mari
De vol, pour semer la zizanie
Dans une famille déjà à l'agonie

Il est vraiment en faute
Sauvez-le de ce fauve
Qui ne vit que de la fraude

Séduit par le physique
De cette bombe anatomique
Il devient insensible
À la souffrance et au supplice

Rappelle-toi mon cher ami
Ce que ton père t'avait dit
En rendant son dernier soupir
Quelques instants avant de mourir

Épouse le cœur de la femme
Et non le corps de la femme
Ta femme est un vrai démon
Malgré la beauté de ses tétons

Elle te précipitera dans la tombe
À l'abri sous l'ombre
Sans rituel de veuvage
Elle, la reine des femmes volages

Toi qui lis ce texte,
Pourquoi fais-tu cette tête
Te reconnais-tu dans ce texte ?
C'est que tu es malhonnête

Toi qui veux te marier
Fais attention à la beauté
Qui peut t'anesthésier
Pour choisir une tête brulée

SUBLIMATION

Qu'elle soit saluée
Qu'elle soit sanctifiée
Qu'elle soit célébrée
Qu'elle soit béatifiée
Qu'elle soit exaltée
La Reine Bamiléké

Qu'elle soit vénérée
Reine de Saba sublimée
Qui aime la levrette
Mange les crevettes
Dans les restaurants de Bruxelles
De Marseille ou de Sarcelles

Quelle soit vénérée
La Reine Bamiléké
Au corps rempli de chair
Des bijoux qui coûtent cher

Qu'elle soit vénérée
La reine Bamiléké
À la peau douce
Ô poisson d'eau douce !

Ô Reine Bamiléké !
Quelle est provocante
Cette créature affolante
À la poitrine envoutante

Qu'elle soit vénérée
La reine Bamiléké
Au postérieur provocant
Et au charme hypnotisant

Julien MAKAYA NDZOUNDOU

L'AMOUR VENIMEUX

Hôtesse de l'air
Tu avais les jambes en l'air
Devenue hôtesse d'accueil
Tu travailles sans écueils
Et surtout sans stress
Qui entraine la détresse
Malgré la souplesse de tes fesses
Et ton charme de tigresse
Tu restes une mauvaise Princesse
Puisque tu cocufies Son Altesse
Qui chaque jour t'avoue la faiblesse
Te quitter provoque chez lui la détresse
Malgré tes multiples trahisons
Réalisées à toutes les saisons
Et que tu lui avoues dans sa maison
Chaque fois que tu perds la raison

NOSTALGIE

Je me souviens de ce jour sans noces
Jour d'adieu ou d'au revoir, peu importe
Quand penchée contre la porte
Tu m'embrassais avec force

Pour me dire au revoir
Sans atténuer mes déboires
Et mes idées noires

Au moment de ton départ
Je m'effondrais en sanglots
En regardant ta photo
Affichée sur le tableau

Te voilà partie vers l'horizon
Par la volonté de tes parents
Qui me considèrent comme un démon
Parce que fils de paysan

Va !
Pour préserver l'honneur
De tes géniteurs
Et de tes protecteurs

Va !
Va à la rencontre de l'amour de noblesse
De tes souvenirs jaillira ma tendresse
Puisque je te traitais comme une duchesse

Va !
Je ne crois plus en ton amour
Malgré ton serment du jour
De m'aimer pour toujours

Va !
Et laisse-moi apprivoiser le néant
En dialoguant avec le vent
Le regard est tourné vers l'Orient

Tel un philosophe grec
Qui sait parler avec le vide
Pour mieux écouter le silence
Une musique sans organe de sens

Va !
Sans promesse de revenir
Va !
Regarde vers l'avenir
Sans trahir nos souvenirs
Va !
Vers l'infini
Pour vivre l'indéfini
Va !
Je ne te retiens plus
Va !
Et ne reviens plus
Va !
Je ne t'aime plus

UNE FLEUR POUR TOI

Elle est jolie cette fleur !
Issue de l'ombrageuse flore
Je l'offrirai à l'élue de mon cœur
Elle sera mon rêve d'aurore

Elle est jolie cette fleur !
Qui adoucit les mœurs
Et envoûte les cœurs
Dans toute sa splendeur

Fleur de Lys ou fleur rose
Je l'offrirai avec ferveur
À l'élue de mon cœur
Au temps de l'apothéose

Quand sonnera l'heure
De m'ouvrir son cœur
Odyssée vers le bonheur
Se fera avec une fleur

Julien MAKAYA NDZOUNDOU

MON VOISIN, UN FÉLIN

Elle habitait chez le voisin

Assise un bon matin

Dans le splendide jardin

Comme une princesse de Dublin

Je la scrutais comme un félin

Prêt à bondir sur un lapin

Sa silhouette me hantait jusqu'au matin

Devenu pèlerin le lendemain

Je la suivais partout comme un crétin

Dans l'espoir de goûter au nouveau festin

Pas de congé pour les coups de reins

Peu importe sur quel terrain

VERRE CASSÉ !

Sous le soleil du bonheur

En pleine saison des amours

Le ciel de Venus s'est obscurci

Le tonnerre de la trahison a frappé mon cœur

Cœur brisé en mille morceaux

Mes larmes coulaient comme un ruisseau

La promesse d'amour est massacrée

La frénésie sentimentale est congelée

Sous l'effet de la castration de la fidélité

Le recours instantané au chapelet

La récitation des versets sacrés

Une nouvelle thérapie à inventer

La vie de Moine, une tentation

Pour réussir la sublimation

Et conjurer la malédiction

Julien MAKAYA NDZOUNDOU

LA VEUVE NOIRE

Elle a juré
Devant le Curé
De l'aimer pour la vie
Elle a chanté sans répit
Qu'elle l'aime sans heurts
Pour le pire et pour le meilleur

Elle a juré
La main levée
Devant le Curé
Qu'elle restera à ses côtés
Dans le bonheur
Comme dans le malheur
Dans l'abondance
Comme dans la carence

Le pauvre s'est investi
Pour arroser sa vie
Shopping à Paris
Dans la Ferrari
Vacances à Miami
Dans la Lamborghini
Sur les plages de Tahiti
Tout était permis

Avions, hôtels et restaurants
Chaque été avec ses parents
Son anniversaire est fête de l'an
Champagnes à flots
Gâteaux et cadeaux
Danse de tango, sans repos

Foudroyé par l'accident
Devenu impotent

Et surtout dépendant
Elle n'a plus d'affection
Surtout pas de compassion
Constipation de l'attention

Cocufiant son mari
Qualifié d'Être amorti
Jouissant de son argent
Pour ses bijoux en diamant

Son mari à l'agonie
Elle fait la fête avec ses amies
Son mari dans une bière
Elle s'empiffre de bières

Son mari enseveli
Elle joue à l'hypocrisie
Les secrets du testament
Confiés à son nouvel amant

Julien MAKAYA NDZOUNDOU

AINSI VA LA VIE !

C'est l'une des meilleures productions
De celui qui suscitait l'admiration
Des habitués du bon son
Au Congo du XXe siècle finissant

Il s'appelait le Grand *Moumbafouneur*
Pour le bonheur de ses admirateurs
Dieu a prononcé la sentence
Et il a tiré sa révérence

Ô Fernand Mabala !
Va !
Va vers l'éternité
Après une vie d'immigré
Pour des raisons justifiées

Là-bas !
Dis à Pamelo Mounka
Aussi à Paul Kamba
Et au poète Lutumba
Qu'ici !
Plus de « Bana Mboka »[3]

Là-bas !
Dis à tous les Anciens
Qu'ici !
Il n'y a plus de musiciens
Encore moins d'esthéticiens

Que d'innombrables griots
Qui déchirent la vertu avec brio
En dépravant les fils des Ghettos

---

[3] Patriotes

Incapables d'éjaculer des chansons
À la dimension
De *Mon avocat a voyagé*
Du Prince YM[4]
De *Makambo mibalé*
De Kosmos Moutouari[5]
Eux qui attendent avec patience
La reconnaissance de la Nation
Surtout pas à titre posthume

Pendant ce temps
La médiocrité des sonorités
Fait son chemin vers l'obscénité

Ô Fernand Mabala !
Pour *Yatama,* je te dis merci
Pour *Ainsi va la vie* aussi

Là-bas,
Tu diras
À Sony Labou Tansi
Et à Tchicaya U Tam'si
Que les artistes sont immortels
Et leurs œuvres intemporelles

---

[4] Youlou Mabiala, musicien congolais, fondateur de l'orchestre Kamikaze Loninguissa.

[5] Musicien congolais, ancien chanteur de l'orchestre *Les Bantous de la capitale.*

POSTFACE

Poésie et sens de l'engagement chez Julien Makaya Ndzoundou

Notre lieu de lecture demeure ici de saisir l'éclosion poétique de Julien Makaya comme l'expression enjouée d'une écriture qui a pris parti de nommer le *socialement incorrect* et le *politiquement injuste*. Dans une intention poétique claire, Julien Makaya, en son souffle intérieur et tiède, se fait le porte-parole de l'humanité souffrante. Il se réfugie dans la colère et l'engagement pour porter les aspirations de ceux dont l'être-au-monde est acquis à l'injustice, aux inégalités et à la déshumanisation. Ce que Julien Makaya scrute et poétise ici, devient la symbolisation d'une réalité inhumaine qui se doit d'être expiée. Le ton poétique de Julien Makaya se fait à la fois satirique et altier ; ironique et pourfendeur. D'une lucidité humaniste, éclairante. Cette part d'humanité, qui enjoint au poète de quitter sa posture neutre, est au fondement même de *L'appel du Kilimandjaro*. Son poème est cri : c'est un appel qui se construit en promesse d'aube et dont l'écho porte loin.

L'un des grands mérites de notre poète est son attachement à l'Afrique dont la marche vers le destin est lourde de douleur, de souffrance et d'humiliation. Cette Afrique merveilleuse et riche d'histoire, devenue terre d'opprobre, habite la conscience de notre poète comme une blessure. Victime d'une histoire tumultueuse qui n'a de cesse de la faire saigner, l'Afrique est ici poétisée dans un langage cru et sincère. Cela qui nomme le vécu en toute vérité et engage Julien Makaya sur le chemin de la dénonciation, de la révolte. Conscient du fait qu'aucune écriture ne peut être neutre et innocente face aux événements qui bouleversent l'humanité, Julien Makaya dit sa part de vérité devant la réalité qui s'impose à lui. Il se doit de s'engager aux côtés des damnés de la terre pour provoquer l'indignation, en dénonçant les maux qui compromettent l'harmonie du monde et l'essor de l'humanité.

En tant que poète, Julien Makaya ne se dérobe point de sa mission cardinale, celle de prendre fait et cause pour l'humanité souffrante et opprimée. Il sait que c'est par la poésie qu'il pourra faire entendre sa voix, contribuer à la prise de conscience collective et pénétrer l'âme même de son peuple. Il s'agit d'attester d'une réalité révoltante. Aussi écrit-il sur un ton d'invite à la révolte :

Debout peuple opprimé

Debout jeune indigné

Tes ancêtres ont subi les humiliations

Tes parents, martyrs de la colonisation

Toi, refuse l'oppression

Et rejette les privations

Lève-toi et marche

Lève-toi et parle

Julien Makaya recommande l'action-réaction contre toutes formes de brimade et d'assujettissement. Il ne cautionne point la lâcheté. Ainsi, invitation est faite à l'opprimé à ne plus courber l'échine devant l'oppression. On y lit une incitation à la révolte et au refus total de toujours ployer sous le joug de la servitude. Son chant poétique accusateur est émis à la fois pour nommer cette tragédie humaine et mettre en garde contre la politique criminelle de l'Europe qui décime l'Afrique, en lui arrachant ses vaillants combattants de la liberté. C'est pourquoi, devant ce tragique de l'histoire, la voix du poète s'élève pour éveiller et réveiller les consciences.

Ce qui singularise également la poésie de Julien Makaya, c'est la place importante qu'elle accorde au fait historique, comme si la quête du présent ne pouvait se concevoir sans un recours à la remémoration. Celle-ci s'attache à représenter et à ressasser de façon consciente les souvenirs douloureux de la grande épopée africaine. Chez ce poète congolais, l'imagination remémorative se lie à la création poétique dont elle devient une sorte de constante axiale. La filiation entre cette œuvre poétique et les pans de la mémoire réside dans la mise en abyme de la conscience historique et de ce que celle-ci représente un symptôme évident d'une prise de conscience collective et d'une révolte participative. Julien Makaya est un poète dont l'œuvre, accrochée à la mélancolie d'un présent douloureux, procède à la fixation dans la conscience universelle des événements marquants de l'histoire tragique de l'Afrique, à l'instar de la traite négrière, dont l'évocation s'impose de plus en plus au poète comme un devoir de mémoire :

Maudit, maudit sois-tu Atlantique
Toi qui leur permis de souiller l'Afrique
[...]
Maudit, maudit sois-tu Atlantique
Toi qui emportas mes aïeuls aux Amériques

L'heure est ici aux réminiscences. Le poète se remémore l'esclavage comme pour exprimer son ressentiment et donner ainsi sens à son cri de réprobation. Il s'insurge contre cette politique déshumanisante et condamne l'océan en ce qu'il fut témoin de la déportation de ses « aïeuls ». Ici, l'Atlantique est donné pour complice de l'homme blanc. En effet, c'est par les eaux océaniques que les négriers atteignirent les côtes africaines et déportèrent des millions d'Africains. Ainsi, le malheur est venu de l'Atlantique ; si bien que le poète s'emploie à le maudire.

Dans le recueil poétique de Julien Makaya, le passé se mêle au présent, s'y enchevêtre à souhait, lorsque les deux ne s'y confondent pas tout simplement. Poussé à ressasser un passé tout entier marqué par la violence et le deuil, Julien Makaya s'engage à restaurer la conscience historique et à désaliéner l'Afrique de ce tragique de l'histoire ou de ces tribulations existentielles. Ce faisant, il met la mémoire au service de l'art pour informer de l'urgence d'une prise de conscience. La parole poétique s'ancre donc dans l'histoire et l'ensemence d'une verve rebelle à tout acte d'assujettissement et d'exploitation. Cette révolte trouve d'abord sens dans l'évocation des noms des personnages illustres, résistants et vaillants défenseurs de l'Afrique. Ainsi, la convocation et l'évocation des martyrs de la liberté tels que Bouéta Mbongo, Félix Moumié, Ruben Um Nyobe, Sylvanus Olympio, Boganda, Lumumba, Sankara et Cabral, inscrivent le texte poétique de Julien Makaya dans une dynamique de résistance et d'esthétique panafricaine.

Ourbano MBOU-MAKITA

TABLE DES MATIÈRES